BEI GRIN MACHT SICH IHR
WISSEN BEZAHLT

- Wir veröffentlichen Ihre Hausarbeit,
  Bachelor- und Masterarbeit

- Ihr eigenes eBook und Buch -
  weltweit in allen wichtigen Shops

- Verdienen Sie an jedem Verkauf

Jetzt bei www.GRIN.com hochladen
und kostenlos publizieren

Bibliografische Information der Deutschen Nationalbibliothek:

Die Deutsche Bibliothek verzeichnet diese Publikation in der Deutschen National-
bibliografie; detaillierte bibliografische Daten sind im Internet über http://dnb.d-
nb.de/ abrufbar.

Dieses Werk sowie alle darin enthaltenen einzelnen Beiträge und Abbildungen
sind urheberrechtlich geschützt. Jede Verwertung, die nicht ausdrücklich vom
Urheberrechtsschutz zugelassen ist, bedarf der vorherigen Zustimmung des Verla-
ges. Das gilt insbesondere für Vervielfältigungen, Bearbeitungen, Übersetzungen,
Mikroverfilmungen, Auswertungen durch Datenbanken und für die Einspeicherung
und Verarbeitung in elektronische Systeme. Alle Rechte, auch die des auszugsweisen
Nachdrucks, der fotomechanischen Wiedergabe (einschließlich Mikrokopie) sowie
der Auswertung durch Datenbanken oder ähnliche Einrichtungen, vorbehalten.

Impressum:

Copyright © 2002 GRIN Verlag, Open Publishing GmbH
Druck und Bindung: Books on Demand GmbH, Norderstedt Germany
ISBN: 978-3-668-13181-1

Dieses Buch bei GRIN:

http://www.grin.com/de/e-book/314556/die-westliche-reinkarnationslehre-eine-
kritische-betrachtung-aus-der-sicht

Frank Drescher

Die westliche Reinkarnationslehre. Eine kritische Betrachtung aus der Sicht der katholischen Theologie

GRIN Verlag

GRIN - Your knowledge has value

Der GRIN Verlag publiziert seit 1998 wissenschaftliche Arbeiten von Studenten, Hochschullehrern und anderen Akademikern als eBook und gedrucktes Buch. Die Verlagswebsite www.grin.com ist die ideale Plattform zur Veröffentlichung von Hausarbeiten, Abschlussarbeiten, wissenschaftlichen Aufsätzen, Dissertationen und Fachbüchern.

Besuchen Sie uns im Internet:

http://www.grin.com/

http://www.facebook.com/grincom

http://www.twitter.com/grin_com

Die westliche Reinkarnationslehre – Eine kritische Betrachtung aus der Sicht der katholischen Theologie

Gliederung:

1. Vorbemerkung

In diesem Beitrag[1] suche ich nicht die Konfrontation mit den Anhängern der Reinkarnationslehre, noch weniger geht es mir um dogmatische Rechthaberei oder eine herablassende Ablehnung des Glaubensgutes zweier Weltreligionen (nämlich des Hinduismus und des Buddhismus). Die katholische Theologie der Gegenwart bemüht sich aufrichtig um einen respektvollen und friedfertigen Dialog mit den verschiedenen Religionen, wie besonders der erst kürzlich heiliggesprochene Papst Johannes Paul II. wiederholt durch sein positives Beispiel gezeigt hat, um so ein friedvolles, von Toleranz und gegenseitigem Verständnis geprägtes Zusammenleben der Menschen in aller Welt, aber auch und gerade in unserer multikulturellen und –religiösen Gesellschaft zu ermöglichen.

Wo immer die Dogmatik zum Gegenstand des Streites unter Menschen gemacht wurde, kam es am Ende zu Gewalt und Blutvergießen. Aus diesem Grunde haben katholische Theologen (zumindest in ihrer überwiegenden Mehrheit) schon vor Jahrzehnten aufgehört, über Glaubensinhalte nach außen hin in Streit zu treten. Katholische Christen haben aus ihren Fehlern in der Vergangenheit bitter lernen müssen und ziehen nun den aufgeschlossenen Dialog einem erbitterten Disput vor. Das II. Vatikanische Konzil bekennt sich zu dieser Haltung mit folgenden Worten:

„Die katholische Kirche lehnt nichts von alledem ab, was in diesen Religionen wahr und heilig ist. Mit aufrichtigem Ernst betrachtet sie jene Handlungs- und Lebensweisen, jene Vorschriften und Lehren, die zwar in manchem von dem abweichen, was sie selber für wahr hält und lehrt, doch nicht selten einen Strahl jener Wahrheit erkennen lassen, die alle Menschen erleuchtet.[...] Deshalb mahnt sie ihre Söhne, dass sie mit Klugheit und Liebe, durch Gespräch und Zusammenarbeit mit den Bekennern anderer Religionen sowie durch ihr Zeugnis des christlichen Glaubens und Lebens jene geistlichen und sittlichen Güter und auch die sozial-kulturellen Werte, die sich bei ihnen finden, anerkennen, wahren und fördern.“
(Nostra aetate 2)

Es geht mir in diesem Beitrag also *ausdrücklich* um ein klares, positives Bekenntnis zum eigenen christlichen Glauben, der durch die Veränderungen in unserer Gesellschaft während

---

[1] Leicht überarbeitete und aktualisierte Fassung eines Vortrags vom 12.01.2002 auf der XLVI. Wochenendtagung des philosophischen Instituts der RWTH Aachen unter Prof. Dr. V. Berning mit dem Titel: „Über die Seele III: Weltseele – Seelenwanderung – Parapsychologie" im Arnold Janssen Kloster Wahlwiller/NL.

1

der vergangenen Jahrzehnte in zunehmendem Maße angefragt wird. Leider ist dies besonders durch eine mittlerweile recht weit verbreitete religiöse Indifferenz auch unter jenen unserer Mitmenschen der Fall, die sich selbst der christlichen Religion im weitesten Sinne zugehörig fühlen. So richtet sich meine Kritik auch bewusst nach innen und gegen eine westlich-synkretistische Ausformung der Reinkarnationslehre, welche versucht, das Glaubensgut östlicher Religionen mit christlichen Überzeugungen zu verschmelzen.

2. Reinkarnation – Eine Frage für die christliche Theologie?

Immer wieder taucht die Wanderlegende auf, es habe im frühen Christentum Vertreter einer Reinkarnationslehre gegeben, die aber dann von der offiziellen kirchlichen Theologie zurückgewiesen wurde. Das widerspricht den historischen Tatsachen und lässt sich in keiner Weise anhand der Quellen belegen.

Es hat zur Zeit der Frühen bzw. der Alten Kirche nicht einen einzigen christlichen Theologen gegeben, der in irgendeiner Weise eine Wiederverkörperung Verstorbener angenommen hätte – eine solche These würde angesichts der apostolischen Glaubensüberlieferung in der Alten Kirche auch gar keinen Sinn ergeben. Vielmehr waren die damaligen Theologen damit beschäftigt, mit aller Kraft die Gnosis abzuwehren, eine vielgestaltige, synkretistische spätantike Religionsbewegung, die den Platonismus rezipierend u.a. von einer Reinkarnation der Toten ausgegangen war (als Beispiel sei hier der Manichäismus genannt, der bis ins 5./6. Jh. hinein eine echte Herausforderung, wenn nicht gar eine regelrechte Bedrohung für das noch junge Christentum und die sich allmählich formierende katholische Kirche war). Diese Reinkarnationslehre wurde niemals seitens der Kirchenväter bzw. der übrigen altkirchlichen Theologen als christliche Lehre betrachtet, nicht einmal als eine Häresie, die verurteilt hätte werden müssen. Sie galt immer schon als außerchristliche Überzeugung, und die Kirche hat niemals außerchristliche Lehren offiziell verurteilt. Warum sollte sie das auch tun?

Gelegentlich wird Origines als Vertreter einer Reinkarnationslehre angeführt. Er war ein Kirchenvater aus dem 3. Jh. unserer Zeitrechnung, dessen Bedeutung so groß war, dass die christlichen Theologen noch im 5. Jh. über seine Thesen stritten und Lehrverurteilungen ausgesprochen haben. Origines lehrte aber lediglich eine Präexistenz der Seelen, eine Vorstellung, welche von der damaligen Großkirche entschieden abgelehnt wurde.

Bedeutung gewinnt die Reinkarnationslehre erst in der gegenwärtigen theologischen Diskussion:

- **Karl Rahner** sieht in der Reinkarnationslehre einen möglichen Ansatz, um mit der problematischen Lehre des Zwischenzustandes der Seele (zwischen Tod und Auferstehung) besser klar zu kommen, quasi als Ersatz für das Purgatorium.

- **Hans Küng** fragt, ob die Reinkarnationslehre nicht genauso wie andere Lehren in der Theologiegeschichte (bspw. aus dem hellenistischen Kontext) in das christliche Lehr- und Glaubenssystem auf dem Weg zur Weltökumene der Religionen integriert werden könne.

- **Michael von Brück** sieht im Rahmen des Dialoges mit den östlichen Religionen in der Reinkarnationslehre einen Lösungsansatz für das Theodizee-Problem, und als Erklärungsmodell für die „Irrationalität des Universums".

Aus biblisch-historischer, sowie aus systematisch-theologischer Perspektive kann und darf keinem dieser drei Ansätze zugestimmt werden. Auf die einzelnen Gründe hierfür gehe ich im nachfolgenden Abschnitt genauer ein.

Bei allen gravierenden Differenzen erkennt die katholische Theologie dennoch Gemeinsamkeiten zwischen der östlichen Reinkarnationslehre und dem christlichen Glauben:

- Beiden Glaubenssystemen ist eine Hoffnung über den Tod hinaus und gegen eine rein materialistische Weltanschauung zueigen.

- Ebenso teilen wir die Überzeugung, dass menschliches Handeln Konsequenzen selbst über den Tod hinaus hat.

- Gegenüber einem Fatalismus wird die sittliche Verantwortung des Menschen für das eigene Leben und seine Vollendung betont.

- Wir glauben gemeinsam an eine Verflechtung des individuellen Lebens mit der vergangenen Menschheitsgeschichte.

3

- Außerdem teilen wir den Glauben an eine sittliche Läuterung des Menschen, die mit dem Tod nicht einfach beendet ist, sondern den Menschen seiner Vollendung entgegenführt.

Doch überwiegen am Ende die Unterschiede zwischen den beiden Weltanschauungen, aus diesem Grund lassen sich die beiden religiösen Vollendungsvorstellungen des Menschen im bzw. nach dem Tode unmöglich theologisch konsistent miteinander verbinden.

3. Gründe für die theologische Unvereinbarkeit der Reinkarnationslehre mit dem christlichen Glauben

Ein paar klärende Worte vorab, bevor hier auf die einzelnen Gründe für die Unvereinbarkeit der beiden genannten Weltanschauungen eingegangen wird:

Es ist für die theologische Reflexion *unerheblich*, ob es tatsächlich eine Reihe von Christen gibt, die die Reinkarnationslehre mit ihrem persönlichen Glauben vereinbaren können bzw. diese in ihre Glaubensvorstellungen eingeflochten haben. Es gibt in unserer Gesellschaft ja auch eine Reihe von Menschen, welche beispielsweise die Lehre von der Dreieinigkeit ablehnen, oder nicht an die Gottheit und Menschwerdung Christi, oder an die Auferstehung nach seinem Tod am Kreuz glauben, sich aber trotzdem als Christen bezeichnen.

Für die katholische Kirche steht jedoch fest, dass Christsein nicht (nur) eine Sache der persönlichen Selbstzuschreibung ist, sondern entscheidend von der Teilhabe an der christlichen Glaubens- und Traditionsgemeinschaft abhängt. Auch, wenn eine solche Auffassung in unserer betont toleranten und pluralistischen, zugleich aber auch leider eher gleich-gültigen (!) und indifferenten Gesellschaft unpopulär ist. Und diese kirchlich verfasste Gemeinschaft verkündet *ohne jeden Zweifel* und *von ihren Ursprüngen an*, d.h. von ihren jüdischen Wurzeln und ihrem biblischen Auferstehungsglauben her, tradiert von den Aposteln und deren Nachfolgern, und festgeschrieben in dem für alle großen Kirchen und kirchlichen Gemeinschaften gültigen und verbindlichen christlichen Glaubensbekenntnis, die zweifelsfreie Unvereinbarkeit einer Wiederverkörperungslehre jeglicher Provenienz mit ihren Grundüberzeugungen. Der christliche Glaube hat eben nun einmal sein eigenes, unverwechselbares und unverwässerbares Profil.

Es gilt auch nicht der leider oft (und offenbar unreflektiert) vorgetragene Einwand, dass die Reinkarnationslehre niemals vom kirchlichen Lehramt abgelehnt und als irrig eingestuft worden ist. Noch einmal: Außerchristliche Überzeugungen brauchen vom kirchlichen Lehramt weder beurteilt noch verurteilt zu werden, es sei denn, sie werden als christliche Lehren oder als mit ihnen vereinbar ausgegeben.

Die Hintergründe für die Unvereinbarkeit der beiden Weltanschauungen sind folgende:

- **Der christliche Schöpfungsglaube.** Alles, was in der Welt existiert, ist Schöpfung, als solche von Gott gewollt und ins Sein gerufen. Das gilt insbesondere für die menschliche Seele, die deshalb nicht als in irgendeiner Weise „göttlich" angesehen werden kann. Ihre Unsterblichkeit empfängt die Seele von Gott her, sie kommt ihr nicht *aufgrund ihrer Natur* zu. Unsere Seelen waren niemals Bestandteil Gottes und müssen daher auch nicht zu ihm *zurückkehren*, um sich wieder mit ihm zu vereinen, wie es einige dualistische Weltanschauungen vor allem gnostischer Provenienz vermitteln.

  Die uns verheißene Unsterblichkeit ist eine geschenkte, die ihren Ursprung in Gottes tiefer, bedingungsloser, uns fest zugesagter und dadurch unverlierbarer Liebe hat. Wir sind unsterblich, weil Gott uns in unserer Personalität und Individualität als ganz konkretes "Du" unsterblich liebt und von Grund auf zutiefst bejaht. Unsere Seele ist hierbei das „Ansprech- und Antwortorgan" des Menschen für Gott, mit dem wir Gottes Zuwendung an uns empfangen und erwidern können. Das macht uns für Gott liebens- und bejahenswert, nicht aber ein göttlicher Ursprung unserer Seele.

  Hiermit haben wir einen unüberbrückbaren Unterschied zu jeder Form einer Reinkarnationslehre, nämlich das genuin *christliche Gottes- und Menschenbild.*

- **Vollendung und Vergebung.** Von einigen Anhängern der Wiedergeburtslehre wird behauptet, dass diese Lehre ein adäquater Ersatz für die katholische Lehre vom Purgatorium („Fegfeuer") sei und nebenbei das Problem vom „Zwischenzustand" des Menschen zwischen Tod und Auferstehung lösen könne. Dies lehnt die römisch-katholische Theologie in Übereinstimmung mit der orthodoxen und der protestantischen Theolgie entschieden ab, auch wenn einzelne Theologen aus diesen Kirchen bzw. kirchlichen Gemeinschaften Thesen solcher Art äußern.

Der christliche Glaube nimmt dieses Leben, die individuelle Lebensgeschichte jedes Menschen und alle seine Entscheidungen bis zu seinem Tod als *einmalige Chance* zutiefst ernst. Unser Glaube vertraut darauf, dass Gott uns in unserem Tod annimmt, und zwar so, wie wir sind und uns entwickelt haben – unser ganzes bis dahin „gelebtes Leben" und auch unsere persönliche Schuld, die wir auf uns geladen haben. Und wir glauben, dass die letztendliche, „ultimative" Begegnung mit Gottes Barmherzigkeit und Liebe nach unserem Sterben eine verwandelnde, läuternde Wirkung hat.

Wir müssen uns unserer Schuld jedoch bewusst sein, sie aufarbeiten, bereuen und bereit sein, sie ebenso so anzunehmen, wie Gottes Barmherzigkeit. Diese Reue, bedingt durch die Erkenntnis unserer Verfehlung angesichts der reinen Wahrheit und Liebe Gottes, ist durchaus ein schmerzhafter Prozess, der aber die Läuterung des Menschen einleitet und vollzieht. Die Vergebung Gottes und unser eigenes „Heilwerden" können wir aber nicht selbst aus eigener Kraft erwirken, selbst wenn wir tausende von Leben zur Verfügung hätten (getreu der alten Weisheit: „Das Wort, das dir hilft, kannst du dir selbst nicht zusprechen."), sondern nach unserer Überzeugung bedürfen wir hierzu der Heilstaten Christi, denn nur Gott selbst ist in der Lage, den unendlich großen Spalt zwischen Schöpfer und sündigem Geschöpf zu überwinden.

Auch angesichts dieser Erwägungen und einer ganzen Reihe von gescheiterten theologischen Konzeptionen dieser Art gibt es für eine Selbsterlösung des Menschen, und sei es durch eine Reihe von Wiederverkörperungen, keinen Raum.

- **Die Auferstehung des Leibes.** Nach christlicher Überzeugung ist der Mensch von Grund auf leib-seelisch verfasst, damit ist ein Dualismus ausgeschlossen und auch angesichts unserer jüdischen Wurzeln undenkbar. Der Leib ist hierbei mehr als nur einfache Materie. Im biblisch-theologischen Sinne ist der Leib unser durch unsere gesamte Lebensgeschichte hindurchgegangener Körper, durch den wir mit unserer Umwelt in Kontakt treten können (und auch *nur* durch unseren Leib vermittelt). Er ist nicht einfach nur eine minderwertige oder gar schlechte Hülle, in die ein göttlicher Kern eingekerkert ist, wie es u.a. der Platonismus in all seinen Ausformungen behauptet.

So, wie unsere Seele das „Ansprechorgan" für Gott ist, so ist unser Leib unser Beziehungsorgan zur Welt und zu unseren Mitmenschen. Erst der Leib ermöglicht es uns, Beziehungen zu leben, zu lieben und zu leiden, und prägt daher zutiefst unsere menschliche Identität. Darum kann der Leib auch nicht einfach abgestreift und durch einen neuen ersetzt werden. Dieser konkrete Leib ist ein *wesentlicher* Bestandteil des Menschen, seiner Individualität und Persönlichkeit.

Und wenn dem Menschen das Heilwerden versprochen ist, so gilt das für den *ganzen* Menschen, denn er *hat* nicht Leib und Seele, sondern er *ist* Leib und Seele.

Der Leib ist unauflöslich mit unserem Personsein verbunden, daher werden wir als Person auch die Ewigkeit in leib-seelischer Verfasstheit erfahren und erleben. Diese gläubige Hoffnung ziehen wir aus der leiblichen Auferstehung Christi, wie sie von den Aposteln bezeugt wurde und wie sie auch uns verheißen ist: „Heute noch wirst du mit mir im Paradies sein." – nicht erst nach einer langen Kette von Wiedergeburten.

Als Christen vertreten wir also gegenüber einem „*Reinkarnationismus*" positiv folgende Überzeugungen, von der wir unsere Kritik an dieser Lehre herleiten:

- Der personale, dreieinige Gott ist der Grund unserer Hoffnung, nicht etwa ein antlitzloses Weltgesetz, dem alle Lebewesen unterworfen sind.

- Unter Beanspruchung des Menschen als handelndem Subjekt bleibt seine Rechtfertigung, Läuterung und Vervollkommnung in und nach diesem irdischen Leben doch vor allem Gnade und Geschenk des einen Gottes.

- Die Geschichte ist linear auf ein Ziel ausgerichtet, nicht zyklisch. Dieses Ziel ist die Vollendung unserer Existenz in Gott.

- Dieses Ziel ist nicht die Befreiung der Seele aus dem Leib und die des Menschen aus dieser Welt, sondern die Erlösung des leib-seelisch verfassten Menschen und seine Vollendung in und mit dieser Welt, welche die bejahte Schöpfung des guten Gottes ist.

- Dieses Leben ist nicht bloß ein Versuchsfeld, sondern es ist eine einmalige Gelegenheit mit heilgeschichtlicher Bedeutung.

4. Abschließende Bemerkungen

Nachdem ich nun versucht habe dar- bzw. klarzustellen, warum der christliche Glaube auf gar keinen Fall mit einer Reinkarnationslehre zu vereinbaren ist, möchte ich nun abschließend dem Thema unserer Tagung entsprechend auch auf einige philosophische und ethische Bedenken eingehen, die ich angesichts der Lehre einer Wiederverkörperung Verstorbener habe.

Als Anhänger einer Offenbarungsreligion (und somit als entschiedener „Exoteriker" im Gegensatz zu den Esoterikern) sehe ich doch, bei allem gebotenen Respekt, ein erkenntnistheoretisches Problem angesichts der Entstehung der Wiedergeburtslehre sowie der einer solchen notwendig zugrunde liegenden Kosmologie.

Sprechen nicht unsere philosophischen Erkenntnisse gegen jegliche Form esoterischer Erkenntnisgewinnung? Woher soll dieses Wissen stammen, dass da im Menschen aufsteigt und ihn zur Erleuchtung bringt? Setzen sich solche Konzepte nicht umgehend und weitgehend ungeschützt einem Illusions- bzw. Mythologieverdacht aus?

Entspringen die westlichen Reinkarnationsvorstellungen (auf keinen Fall die östlichen!) nicht doch dem verbreiteten und durchaus verständlichen Wunsch, möglichst viel Nutzen aus dem diesseitigen Leben zu ziehen und sich quasi evolutionär weiterzuentwickeln, bis eine größtmögliche „Selbstverwirklichung" erreicht worden ist? Und wenn das in diesem Leben nicht vollständig gelingen sollte, dann eben in einem nächsten oder übernächsten…? Liegt nicht gerade hierin die besondere Anziehungskraft für unsere westliche, Zerstreuung suchende und konsumorientierte „Spaßgesellschaft", zu der wir Mitteleuropäer uns derzeit zunehmend entwickeln?

Welche Bedeutung hat überhaupt noch die Geschichte angesichts einer mehr oder minder "ewigen Wiederkehr des Gleichen"? (Nietzsche!) Und steckt in der Reinkarnationslehre nicht letztlich die Gefahr, dieses Leben als einmalige Chance nicht hinreichend ernst zu nehmen und folglich mit entsprechender Verantwortung zu führen? Warum sich die Mühe machen, sein Leben sinnvoll und auf ein höheres Ziel orientiert zu leben, wenn ich das auch noch in einem späteren Leben versuchen kann? Schon allein aus diesen Gründen taugt die Wiedergeburtslehre nicht als adäquater Ersatz für das Purgatorium nach katholischer Vorstellung.

Schließlich, mündet die Reinkarnationslehre nicht in einem Zynismus gegenüber dem notleidenden Subjekt, ja konsequent gedacht sogar gegenüber der Shoah? Warum Not, Armut und Krankheit bekämpfen, wenn sie die selbstverschuldete Konsequenz eines entsprechenden Karmas bzw. Dharmas sind, des antlitzlosen, unerbittlichen Gesetzes der Vergeltungskausalität? Dies ist wohl doch eher eine unbefriedigende Lösung für das Theodizee-Problem, wie mir scheint.

Der christliche Glaube erweist sich hier als humaner, weil zurückhaltender bei der Beantwortung der Frage nach dem Grund für all das Übel und das Böse in der Welt: Wir haben schlichtweg keine rational befriedigende, allgemeingültige Erklärung für menschliches Leid und das viele Unglück, das uns täglich begegnet (überwiegend wohl in den Medien) und mitunter selbst trifft. Die Unerklärbarkeit und (scheinbare?) Absurdität menschlichen Elends lässt sich oft nur aushalten, indem wir einander beistehen und versuchen, das Leid unserer Mitmenschen nach Kräften zu mildern, gegen Unrecht aktiven Widerstand leisten, und auf das Mit-Empfinden, die "Sym-Pathie", unseres Gottes vertrauen, der menschliches Leiden selbst bis ins letzte durchlebt und die Schmach des Kreuzes erfahren hat. Und angesichts dessen dürfen wir die Hoffnung haben, dass auf unser ganz persönliches Kreuz in diesem Leben ebenfalls die individuelle Auferstehung jenseits der Grenze des Todes folgt.

5. Literaturangaben

N. Bischofberger: Der Reinkarnationsgedanke in der europäischen Antike und Neuzeit, in: Die Idee der Reinkarnation in Ost und West. München 1996.

G. Gäde: Reinkarnation und Auferstehung. Zur Klärung des theologisch-epistemologischen Status. Überarbeitete und leicht erweiterte Fassung einer öffentlichen Probevorlesung im Rahmen eines Habilitationsverfahrens am 22.7.1997 vor der Katholisch-Theologischen Fakultät der Ludwig-Maximilians-Universität München. Veröffentlicht unter: http://www.gerhardgaede.de/uploads/media/Reinkarnation.pdf

M. Kehl: Und was kommt nach dem Ende? Von Weltuntergang und Vollendung, Wiedergeburt und Auferstehung. 3. Aufl., Freiburg 2000, S. 47 – 71:

F.-J. Nocke: Eschatologie II, in: Th. Schneider (Hg.): Handbuch der Dogmatik Bd. 2, ppb-Ausgabe, Düsseldorf [2]2000, S. 468 – 471.

R. Sachau: Westliche Reinkarnationsvorstellungen. Gütersloh 1996.

K. Rahner; H. Vorgrimmler: Kleines Konzilskompendium. Freiburg [26]1994. S. 356 f.

W. Thiede: Warum ich nicht an Reinkarnation glaube. Ein theologischer Diskussionsbeitrag. EZW-Texte 1997, Heft 136.

H. Zander: Geschichte der Seelenwanderung in Europa. Alternative religiöse Traditionen von der Antike bis heute. Darmstadt 1999.

BEI GRIN MACHT SICH IHR WISSEN BEZAHLT

- Wir veröffentlichen Ihre Hausarbeit,
  Bachelor- und Masterarbeit

- Ihr eigenes eBook und Buch -
  weltweit in allen wichtigen Shops

- Verdienen Sie an jedem Verkauf

Jetzt bei www.GRIN.com hochladen und kostenlos publizieren